自白

자백

Christian Poem
크리스천 詩

自
자

白
백

나사로 著

좋은땅

목차

Chapter 1

크리스천

크리스천

최선 다하며 기다리고
그날 올 때까지 기다리고
넘어지면 일어나 기다리고

다 떠나도 혼자 남아 기다리고
하나 하라면 둘 하며 기다리고
사방 막히면 위 보며 기다리고

믿음으로 기다리고

소망으로 기다리고

사랑으로 기다리는

크리스천

예수님 사람

바꿀 수 없는 어제 버리고
바꿀 수 있는 오늘 붙잡아
바뀔 내일 품으며 위 보고

믿음으로 들으며

소망으로 보면서

사랑으로 채우는

예수님 사람

주님 나라

주님 뜻은
우리 없이 이뤄져도
주님 없이는 안 되니

주님 뜻이
하늘에서 이루어진 것 같이
이 땅에서 우리 통해 이루소서

기도할 때

주님 나라

우리 가운데

이런 거지

교회 가서
친구 만나
서로 사랑

말씀 위로
은혜 나눔
웃고 먹고

다시 만나고
또 만나기로
찐 약속하고

주님 믿고
산다는 게
이런 거지

크리스천

부지런히 사는 자가
얻는 것이
오늘

사랑하며 사는 자가
누리는 것이
오늘

오늘을 기대하며
무릎 꿇고

오늘을 채우고자
새벽 깨우는

크리스천

기도의 사람

자신이 얼마나 형편없는지 아는 사람
자신이 얼마나 무능한지 아는 사람
자신이 얼마나 작은지 아는 사람

갈수록 한계에 부딪혀 신음하는 사람
갈수록 자신에 실망해 눈물짓는 사람
갈수록 더욱더 주님께 의지하는 사람

그래서 기도의 사람은

넘어져도 일어나고
낙망해도 믿음 갖고

쓰러져도 소망 품고
울면서도 사랑하며

주님께 늘 감사하며
주야 찬양하는 사람

친구들

이 땅에서 가진 것으로

못 먹고 못 마시고

못 입고 방황하고

아프고 갇힌

이웃의 친구 되면

우리 주님 만나게 되고

우리 주님 친히 갚아주시고

친구들 천국 문에서 환영한다고

우리 주님

약속하셨다

크리스천

우리는

죽어서도
만난다고
믿기에

저세상
그리며
사랑하되

끝까지

사랑하는

크리스천

하늘나라 사람

넘어져 코 깨지면
넘어졌으니 진주 줍고

병들어 입원하면
입원했으니 복음 나누고

죽을병에 걸리면
죽을 거니 사랑 남기는

하늘나라 사람

Chapter 2

웃는다

웃는다

함께 하는 사랑 있고

함께 바라는 소망 있고

함께 나누는 믿음 있기에

사는 맛 나서

웃는다

그러려니

웃자
웃고 보자
웃자 웃어
웃고 말자

웃기라도 하자

웃는 것이 복이니

그냥 웃고 지내고

그러려니 웃으며

웃고 끝내자

웃는다

헤어지자니
웃는가 싶은데 울고

만날 거라서
우는가 싶은데 웃으니

만나고 헤어져도

헤어졌다 만나서

오래도록 산다니

그래서

웃는다

스치는

스치는 인연도

예수님 인연이면

영원한 인연

스치는 사랑도

예수님 사랑이면

영원한 사랑

시작

불행은
어떻게 사느냐
어디를 가느냐
무엇을 먹느냐
로 시작

행복은
누구와 사느냐
누구와 가느냐
누구와 먹느냐
로 시작

어이해도

어이해도 참아야지
사랑이 미움 품으니

어이해도 견뎌야지
생명이 죽음 품으니

어이해도 살아야지
천국이 세상 품으니

했다

웃으며 살기에도 짧은 세월
노래하며 살아도 짧은 세월

나누며 살기에도 짧은 세월
사랑하며 살아도 짧은 세월

미련일랑 갖지 말고
후회도 하지 말고

그저 사랑하며
그저 품으며

주님 안에서

살기로

했다

쳐다본다

가는 세월
양손 벌려
막고 서니

세월 찬바람
주름에 스며
눈물골 파고

보고픈 사람들
만날 그리움에
하늘 쳐다본다

인생

얼마나 늙었나
얼마나 살았나

늙었으면 낡고
살았으면 익고

늙어 죽기보다
살아 익어가서

나눌만한 인생
살았다 하리라

살 만해서

세월 막으랴
운명 막으랴

세월 맞서고
운명 맞서니

지쳐 쓰러져
눈물로 누워

멀리 보다
하늘 보여

살 만해서
일어 선다

잘 살았다

님과의 걸음들
아이들도 걷고

님과 갔던 곳들
아이들도 가고

님과 했던 얘기
아이들도 나누고

님과 나눈 사랑
아이들도 닮으면

잘 살았다

아니하겠소

사는 길

인생은 살다가

약해서 죽거나
병으로 죽거나
다쳐서 죽거나
늙어서 죽는다

하지만

편히 건강하게 오래

사는 길도 주셨으니

'네 부모 공경하라'

주님 말씀하신다

열매

세월 가니

바람 불어

꽃잎 지고

가지 남아

무상 인가

열매 더라

내 안에 있는 것

도끼가 향나무 찍으며 하는 말
어, 향기가 나네

세상이 크리스천 찍으며 하는 말
어, 다시 살아나네

사랑 건드리면 사랑 나오고
미움 건드리면 미움 나오고

생명 찌르면 생명 나오고
죽음 찌르면 죽음 나오고

내 안에 있는 것이

나온다

행복

사랑없이 하는 고생은 불행

사랑하며 하는 고생은 행복

사랑하기에 고생하면

고생은 사랑에 묻히고

사랑은 사랑을 쌓으니

행복

웃네

울면서 태어나도
웃자고 살았는데

찡그리는 세상
슬퍼 우는 세상

어디서 웃을까
찾고자 헤매니

다가와 내미는
상처 가득한 손

그 품에 안기니

울다가

웃네

복된 날

오늘이

복된 날

행복한 날

은혜받는 날

오늘을

은혜로 사니

어제가 감사로 새로워

내일을 기대하며 기다린다

Chapter 3

믿음

믿음

죽은 자의 장례
남긴 재산 생각

산 자의 장례
나눈 사랑 생각

죽은 자의 소원
나 있는 곳에는 절대 오지 마라

산 자의 소원
나 있는 곳에서 꼭 다시 만나자

믿음은

죽고 사는 문제

아멘

내가 얼마나 귀한지 스스로 알 수 없으니
이를 친히 알려 주려고 오신 분이 예수님

나를 만드신 분이 나를 아시며 하시는 말씀
나는 세상 하나밖에 없는 귀한 존재라는 것

나를 만드신 분이
나를 귀하다고 하시는 말씀에
아멘하는 것이 믿음

나를 아시는 분이
나를 행복하게 하신다는 말씀에
아멘하는 것이 소망

나를 정하신 분이
나를 영원히 사랑하신다는 말씀에
아멘하는 것이 사랑

위를 본다

서두르다
당황한 일 많았고

경솔해서
그르친 일 많았고

감사할 줄 몰라
누리지 못했고

나눌 줄 몰라
기쁨도 몰랐고

젊어는 봤어도
늙기는 처음이라

철들며 살아야지
위를 본다

걷기로

한발 먼저 가려고 발버둥 치다
나도 잃고 사람 잃고 방황하더니
철 들러나 느리게도 뒤로도 걷는다

혼자서 앞만 보고 달리다
잡은 것 놓치고 잡을 것 떠나서
이제는 천천히 걸으며 두리번거린다

느려도 손잡고 걸으니

따스하고 행복해서

뒤도 옆도 보면서

걷기로 했다

살리라

살은 듯 살았어도
죽어서 영영 헤어지면

살아서 쌓은 건
죽는 이별

죽은 듯 살았어도
죽어서 영영 만나면

살아서 쌓은 건
사는 만남

살고 자면 죽고
죽고 자면 사니

살려면 죽으라는
말씀으로 살리라

누구와

행복은

어떻게 사느냐 보다
누구와 함께 사느냐

무엇을 하느냐 보다
누구와 함께 하느냐

어디에 가느냐 보다
누구와 함께 가느냐

무엇을 먹느냐 보다
누구와 함께 먹느냐

에 있으니

펴진다

고개는 들고
얼굴은 웃고

어깨도 펴고
가슴도 펴고
허리도 펴면

생각도 펴지고
말투도 펴지고
행동도 펴지니

인생 펴진다

신분

잠시잠깐 어쩌다
겉모습 초라한들

내속까지 뒤집을
무엇이 있겠는가

이리저리 지치고
뭇사람 조롱해도

뼈속에서 외치고
위에서 답하기를

축복받은 내 공주
내 왕자 영원하라

많이 사랑합니다

예수님 처음 안 순간 사랑에 빠졌습니다
예수님 알아 갈수록 사랑도 깊어갔습니다
예수님 뵈면 뵐수록 사랑은 새로웠습니다

그래서

예수님 뵈면 안겨서 묻겠습니다
왜 참고 참으시며 사랑하셨냐고
못난 저를 그토록 기다리셨냐고

받은 사랑 놀라워
늘 고백하고픈 말
많이 사랑합니다

큰 선물

시간을 잘 쓰면
성숙으로 돌아오고

나이를 잘 보내면
평안으로 돌아오고

생명을 잘 나누면
영생으로 돌아오니

인생은

큰 선물

주님 때문

자존감은 나를 세워도
비교감은 나를 죽인다

우리의 자존감은 주님 때문이니
세상이 우리를 가두랴 비교하랴

눈에 보이지 않아도
손에 잡히지 않아도

포기치 못함도 주님 때문이고
좌절치 못함도 주님 때문이니

우리는 오늘도

발 뻗고 잔다

살 만하다

가짜들이 판치는 세상
목소리 크고 겉모습 화려하면
가짜가 진짜로 둔갑하는 세상

진짜가
가짜에 가려져
아니꼽고 더럽고
메스껍고 치사하고
유치하게 변해가는 세상

그래도

천국 가릴 가짜 없고
천국 가는 길 막을 세상 없고
천국 사는 생명 덮을 죽음 없으니

살 만하다

나

명품을 입어야 하는 나
입으면 명품이 되는 나

새것을 사야 만족하는 나
중고를 사도 만족하는 나

맛집을 가야 맛있어하는 나
누구와 가니 맛있어하는 나

좋은 곳을 가야 즐거운 나
좋은 사람과 가니 기쁜 나

나는

어느 나

46

Chapter 4

삶

살 만합니다

힘겨워 지쳐 쓰러져
눈물이 앞을 가려도
내 곁에는 주님

억울해 잠 못 이루며
눈물로 지새는 긴 밤
내 곁에는 주님

외로워 떨면서 몸부림
서러워 울면서 몸서리
내 곁에는 주님

내 주님 한 분으로

넉넉히 살 만합니다

십자가

날이 저무니 절실한 십자가

황혼 다가와 가까운 십자가

어제의 십자가로 용서받아

오늘의 십자가로 살았으니

내일의 십자가로 만나자고

약속하니 가까운 하늘나라

맘껏 울어도

긴 여행이
기다려짐은

죽음으로 사랑을
사심으로 은혜를

베푸신 그분
품에 안기면

맘껏 울어도
될것 같아서

괜찮은데

운전은
지킬 거 지키고
앞차 거리 충분히 두고
끼어들면 그러려니 하고

만남은
먼저 가고
많이 들어주고
말은 적게 하면

괜찮은데

잘 잤다

눈꼴사나운 세상
눈감고 보는 세상에
맡기니

멀리 보이고 넓게 보여
눈뜨기 주저하다가
잠들어

여행 갔다 돌아오니
누워서 기지개
잘 잤다

살게 하네

사랑을 알게 하신 주님
귀하다고 말씀하신 주님

주님 거라고 들려주신 주님
격려 칭찬도 아끼지 않으신 주님

어려울 때면 그 기억들로 일어서고
포기할 만하면 다시 일어설 용기가 되는

주님의 그 따스한 손길이

오늘도 나를 살게 하네

인생

또 견딜 만해서 인생

죽지 못해 사는 게 아닌 인생

살 만한 충분한 이유가 있기에 인생

살다 보니 또 내일이 기다려지기에 인생

살아보니 10년 후 생각하면 가슴뛰어 인생

모든 것은 낳아주시고 길러주신 부모님 사랑

숨 쉬고 생각하게 하고 기도케 하는 주님 은혜

감사

생각은 나이 따라 늙지 않아
세월 갈수록 새롭고 나아지고 신중해지고

마음은 흐르는 세월과 무관하여
나이 들수록 사랑을 더 나누고 싶고

가슴은 나이를 거슬러 오르는 듯
시간 갈수록 채우고 싶어 벅차오르니

생각이 이 땅 떠날 때까지 쇠하지 않고
마음은 늘 만남과 사랑을 갈망하며
가슴은 품을수록 더 뜨거워지기를

오늘도 주님께 의지하니

감사

살아야지

기왕 태어났으니 잘 살아야지

모르고 태어났어도 같이 살아야지

살라고 태어났기에 오래도록 살아야지

살다가 만났으니 즐겁게 살아야지

좋자고 만났으니 사이좋게 살아야지

거듭났으니 더불어 행복하게 살아야지

용서와 축복

용서는

그가 잘못 고백해야
용서가 용서되지만

그가 고백 안 해도
내겐 평안

축복은

그가 받으면
나와 그도 받고

그가 안 받아도
내겐 축복

잘 살아야지

어쨌든지 살 거라면 잘 살아야지
세월도 보낼 거라면 잘 보내야지

모르고 시작한 인생 이제는 제대로 살고
철없이 살아온 인생 이제는 나누며 살고

이래도 저래도 열리는 하루 웃으며 열고
저래도 이래도 닫히는 하루 감사로 닫고

가까이 있는 사람들과 작은 천국 이루고
멀리 있는 사람들과 영원한 천국 나누며

잘 살아야지

아픔

세월이 이곳저곳 아픈 곳을 찌른다

아픈 것들이 쌓여 쉽게 아픈건지
아픈 것들에 민감해져 더 아픈지
한숨도 신음도 눈물도 늘어 가니

그러면 상해서 넘어질 만도 한데
날이 갈수록 더 새롭고 기대돼서

아픈 건 여전해도

그 아픔 안고

노래함은

은혜가 아픔보다 크고

감사가 아픔을 덮기에

새벽마다

알고서 태어난 사람 없고
살아보고 사는 사람 없고

그래서

인생이 기대되고
내일이 기다려지고

사는 하루하루는 새날
새로운 하루들의 연속

새벽마다 주님

참 새로우시니

신실하신 주님

살아계신 주님

네 가지

세상 어리석은 네 가지

사랑받기 원하며 사랑하지 않는 것
사후를 믿으며 사후를 준비하지 않는 것
고생해서 돈 벌어 병 고치느라 다 쓰는 것
자식에게 있는 돈 다 주고 무시당하며 사는 것

세상 현명한 네 가지

짧은 세월 사랑해서 영원히 사랑받는 것
짧은 세월 믿고 견뎌 영원히 잘 사는 것
짧은 세월 부모 잘 섬겨 큰 복 받는 것
짧은 세월 도와서 영원한 친구 얻는 것

약속

죽음은 이별이기에
그만한 슬픔 없는데

영원한 이별이라면
그 슬픔에 갇히지만

다시 만날 약속이라면
그래도 참을 만한 슬픔

죽음의 슬픔이 남은 자의 몫이듯
만날 약속도 남은 자의 몫이라서

남은 자가

믿음으로 약속을 확신하고
소망으로 약속을 바라보며
사랑으로 약속을 지킨다면

죽음은 견딜 만한 슬픔

감사

모든 사람 실수하고 방황하니
처음 살아보고 처음 가보기에

실수가 실수로 이어지지 않고
방황하다가도 제 길로 간다면

한때의 실수도 방황도 실패도
사는 공부 사람 익어가는 과정

그 삶에서

예수님 만나면

살면서 행복하고

끝 날에도 살아남으니

이세상도 저세상도 감사

처음

처음이라 어설픈 인생

처음 태어나니 처음투성이 실수투성이
처음 살아보니 실패에 좌절에 뒤죽박죽

어제도 처음이었지만 오늘도 처음

지금도 처음이고 이어질 다음도 처음

모든 게 처음이고 다가올 죽음조차도 처음

그런데
모든 처음에는 다음 있어
더 나은 처음을 기대하지만
언제고 맞이할 죽음에는 다음 없으니

홀로 모르는 곳에서 괴로워하며 견딜지
함께 좋은 곳에서 즐거워하며 보낼지는
이 땅에서 서로 나눈 믿음 사랑이 결정

그래서
주님은 믿는 자들에게
내가 너희를 사랑한 것같이
너희도 서로서로 사랑하라 하셨다

죽음

이 세대는 죽음을
말하기 싫어하고
생각하지 않고
외면하니

이는 죽음을
받아드리기 두려워서
부정하고 싶어서
알지 못해서

그런데

죽음이
사랑했던 사람들
영원히 만나는 통로라면
무지로 부정하며 두려워할까

죽음은
믿음을 갖고 소망으로 보면
그리운 사람들 만나볼 길목
새롭고 영원한 사랑의 시작

Chapter 5

만남

만난다

바람에 부대끼는 눈물인가

눈물로 채워진 눈물인가

그리움에 사무치니

하늘밖에 없어서

무릎으로 올라

두 눈감고

만난다

보입니다

떠나는 손 잡지 못해

떠나던 때 멈춰 서니

어두운 밤

떠나보낸 어둠에서

무릎꿇고 눈감으니

보입니다

만날

그곳이

보입니다

주님

저는 슬픈 이야기 듣기가 참 힘듭니다

사람들이 헤어지는 이야기
만날 기약도 없이 헤어지는 이야기
만나자는 약속도 못하고 헤어지는 이야기

같은 하늘 아래 살다가 모르는 곳으로 가서
만나지도 못하고 만날 수도 없다면
얼마나 슬플까요

사랑해서 같이 살고 싶었고
같이 살자고 사랑했는데
이별의 슬픔이라니요

그래서 저는 원 없이 오래 만나도록
천국을 주신 주님께 감사합니다
같이 살 수 있어 감사합니다

눈물

헤어지자니 주름골 타는
차가운 눈물

눈물 가려 희미해지는 그 모습
시린 눈에 새겨 넣으려니
눈물이 자꾸 지우네

흘러 고인 눈물에 하늘 비춰
고개 들고 위를 보니
흰 구름에 그려지는 그 모습

만날 기쁨으로 가슴골 타는
따스한 눈물

눈물은 아래로 흘렀는데

열매는 하늘에 맺혀지니

그리움 가슴에 고이 새겨

하늘가서 고이 열어 보리

우네

우네
내가 우네
내 안에서 우네

우네
내가 우네
내 속에서 우네

울고 울다가

엎어져 우네

잠결에 우네

꿈에서 우네

오늘은 참 길고 긴 날

어머니 거니시던 곳은
지나기 힘들어 돌아갑니다

어머니 흔적 어른거려
고개 돌려 눈 감고 갑니다

어쩌다 날들 갔으니
또 날들 갈 거야 합니다만

오늘은 참 길고 긴 날입니다

오늘따라

혼자라도 가고 싶은데
오늘따라 용기가 나질 않습니다

손도 잡아주시고
뺨도 문질러 주시던
어머니 손길 많이 그립습니다

언제고 다시 뵙기는 하겠지만
그래도 지금 힘들고 슬픕니다

어머니 그리워

가신 곳 보니

웃으시는 모습

눈물 훔칩니다

어머니

먼저 떠나시긴 했어도
좋은 곳 계시니 슬프면 안 되는데
자꾸 눈물이 납니다

어머니가 보고 싶은 건지
못 해 드린 것이 너무 많아서인지
자꾸 눈물만 납니다

그래도
어머니 만날 생각에
눈물 닦습니다

그곳에서

아름다운 모습으로

꼭 뵙겠습니다

어머니

Chapter 6

교회

교회

화가 나도 가면 웃을 수 있는 곳
억지로 가도 웃으며 나오는 곳
가기 싫어도 가면 웃는 곳

이래 가도 저래 가도

웃음 주고
말씀 주고
사랑 주는

곳

교회

툭하면

눈치껏 졸더라도
가볼 만한 곳

가끔은 졸더라도
은혜받는 곳

졸다가 나와도
점심 주는 곳

우연히 믿음 갖게 되는 곳
어쩌다 소망 품게 되는 곳
툭하면 사랑 받게 되는 곳

교회

이야기

십자가 그밑에서
예수님 이름으로
시작하긴 하는데

십자가 이야기도
예수님 이야기도
듣기는 쉽지않고
그저그런 이야기

십자가 자랑하며
천국 자랑하라고
기껏 모아줬더니
세상이야기 강연

사람 생각
사람 훈계
듣기 위해
교회 오나

교회의 사명

생명 빛 밝히며 진리 선포하고
평온 시대 열라는 부르심 받아

학교 병원 고아원 세우던
교회의 선각 사명
나라 지키려고 앞장섰던
교회의 선구 사명
민족 이끌려고 앞서갔던
교회의 선지 사명

교회의 사명들은 어디 가고
건물에 갇히고 형식에 매여
세상 조롱거리로 전락했는가

일어나 먼저 깨달은 자들답게
불의에 맞서며 무지와 싸우고
정의를 세우며 미덕을 쌓아서

교회가 나라 갈 길을 밝히고
교회가 민족 살 길을 열어야

사명

주님께서 믿는 자를
가족 이웃 사회 국가의
선지자 선각자 선구자 선두자
역할 하라고 부르신다

먼저 믿은 자답게 살고
먼저 깨달은 자답게 살고
바로 이끌고 사는 길로 이끌라고
믿는 자를 보내신다

믿는 자는
살되 더불어 오래 잘 살라는
사명으로 산다

사명 받은 자의 자부심을 갖고
당당하고 담대하고 자랑스럽게
제대로 사는 길을 외치는 자를
크리스천 주님의 사람이라 한다

자녀는 없고

뒤를 보니 긴숨이 한숨 되고
앞을 보니 눈물이 먹물 되고

햇빛 조차 못 보는 수천 생명
하루 동안 사라지는 숫자라니

가정에 자녀들은 없고
날 새싹조차 지워지니

통일된 들 뭘 할거며
잘산들 웃을 일 있나

사람아

사람아 내 사람아 살려고 태어난 사람아
사람아 내 사람아 살고자 태어난 사람아

    네가 어쩌자고 네 손을 끊으며
    네가 어쩌자고 네 대를 끊느냐

대한아 내 나라야 한많고 한많은 나라야
배달아 내 민족아 갈기갈기 찢긴 민족아

    네가 어쩌자고 네 손을 끊으며
    네가 어쩌자고 네 대를 끊느냐

수천 년 쫓기고 수백 년 굶주린 나라야
이제야 먹고살고 통일로 하나될 민족아

    네가 어쩌자고 네 손을 끊으며
    네가 어쩌자고 네 대를 끊느냐

저출산

어찌해야만 이 망국병에서 헤어날까
장수가 짐 되어 눈치 보며 살자는가

무책임한 세대다
망국병이 덮친다

아니다

온 사방이 암울한들 악소문이 난무한들
하늘 아래 일들이니 하늘위를 넘볼소냐

이 땅에서 태어나도 저곳으로 갈 터인데
어찌하여 내 영혼아 땅 아래만 쳐다보냐

위로부터 내려오는 신묘 막측 손길들을
두손들어 맞잡으면 작은 천국 이룰 테니

무릎으로 확신하고 두눈 감고 확인하여
당당하게 헤쳐나가 그 나라를 이뤄보자

세종대왕은

그 옛날에 노비(종)라도
아이를 낳은 부부 둘 모두에게
출산휴가도 주고 식량도 넉넉히 주게 했다

뿌리를 자르는 저출산 막으려면

우리 부모세대가 자녀들에게
결혼과 출산은 행복 지름길이니
가정을 건강하고 행복하게 지키면서

둘이 셋은 낳아야 가정도 나라도 산다고
주야로 일러줘야 하지 않겠는가

저출산은

최악의 망국병

더없는 재앙이다

안심하고 간다고

둘이 하나 낳고 그 하나의 둘이 또 하나 낳으면
사오십 년 후엔 넷이 하나에 얹혀서 산다?
백 세 세대를 웃어야 할지 울어야 할지

대대로 장수는 복이라 했는데 수치가 돼간다
이제 겨우 육십인데 염치없이 백세를 산다?
앞으로 사십 년 눈치 보며 살아야 할지

그럴 순 없다
남은 사십을 불태워 나도 살고 나라도 살고
말하고 걸을 수 있을 때 외치고 또 외치리라

하나 낳으면 나도너도 죽어도
둘을 낳으면 겨우겨우 견디고
셋을 낳으면 행복하게 산다고

하나 낳으면 난들넌들 없어도
둘을 낳으면 그리저리 떠나고
셋을 낳으면 안심하고 간다고

같이 가오

저출산으로 고령화로
20여 년 흐르던 눈물이
이제는 말라가니
눈물 닦아줄 손이 없음인가
하도 당하니 자포자기 딴청인가

둘이 하나만 낳고
그 하나의 둘이 또 하나도 제대로 안 낳으니
세월 지나 삼사 대가 같은 시간대에 산다면
견딜까 지탱할까 살아남을 수 있을까

내 민족아
더는 속지 말고 열심히 일하며 같이 가오
함께 울며 서로 닦아 주며 같이 가오
살아남을 길 바라보며 같이 가오

하나님 보우하사

초저출산으로 깨져가고
초고령화로 막혀가는데

사상 이념에 나라 팔리고
무지 분열로 내일 없애니

수천 년 침략으로 짓밟히고
수백 년 굶주리며 살았어도

수십 년 합심으로 일어나서
이제야 어깨 펴볼까 했는데

저출산 늪에 빠져 뿌리 썩고
고령화 덫에 걸려 열매 썩고

그래도 대한민국 하나님 보우하사

캄캄했던 하늘 먹구름 거치고
막막했던 세상 길에 빛 비추고
세속 바위 뚫고 생명 싹 나오니
아, 내 나라 살길 이제 보이네

후손들

언제고 떠나긴 떠나야 할 텐데
다시 못 올 그 길을 가야 하는데
무거운 짐 남겨놓고 떠날 수야 없지 않은가
멍에 지고 쩔쩔맬 걸 뻔히 보며 어찌 가겠는가

하나가 하나도 버거운데
하나에게 세넷을 맡긴다면
하나도 죽겠고 세넷도 죽겠는걸
어찌 모른 척 떠날 수 있단 말인가

둘이 하나 키우기도 버겁다고 하는데
둘이 위아래로 네다섯을 맡아야 한다면
둘은 하나도 안 낳으려 할 테니
둘을 두고 가고자 한들 가지겠는가

그럴 수는 없다
떠나기 전까지 후손들이 살 수 있도록
가기 전까지 자손들이 대에 대를 잇도록
새벽 깨우며 하늘과 땅을 눈물로 채우리

주저앉을 수는 없다
아이들 울음소리가 메아리치도록
자녀들 웃음소리가 여기저기 넘치도록
밤 밝히며 무릎으로 구하고 발로 뛰리라

오 주님

내 민족은 수천 년 조공 바치고 아녀자들 수없이 빼앗기며 살다가 백여 년 전 선교사님들로 개화가 시작되었습니다

그리고 6.25 남침으로 공산화될 절체절명 위기에서 하나님 보우하사 그나마 반쪽이라도 건졌습니다

그 후 대한민국은 피나는 노력과 희생으로 단기간에 열방 가운데 솟아올라 열국의 부러움을 사 왔습니다만,

오 주님,
눈을 뜨니 전대미문의 초저출산으로 손이 마르고 대가 끊기는 참담한 나라가 되고 말았습니다
감당치 못할 무거운 짐과 재앙을 남겨주고 울며불며 애통하며 떠나야 할 비참한 세대가 되고 말았습니다

오 주님,

회개하며 애통해하는 주님 백성에게

나라 살릴 믿음을 주옵소서

민족 살릴 소망을 주옵소서

불 속에서도 물속에서도 절망과 좌절 속에서도

주님의 은혜로 능히 살아남을 수 있음을

저희의 믿음과 열정과 헌신으로 증명케 하옵소서

지혜와 명철을 주시고 동기와 의지를 주시고

노력과 열심을 주시고 힘과 끈기를 주시는

주님의 긍휼과 은혜에 의지하여 멀리 바라봅니다

自白 자백

초판 1쇄 발행 2024년 6월 1일

지은이	나사로
펴낸이	이기봉
편집	좋은땅 편집팀
펴낸곳	도서출판 좋은땅
주소	서울특별시 마포구 양화로12길 26 지월드빌딩 (서교동 395-7)
전화	02)374-8616~7
팩스	02)374-8614
이메일	gworldbook@naver.com
홈페이지	www.g-world.co.kr

ISBN 979-11-388-3258-8 (04230)
ISBN 979-11-388-3246-5 (세트)